AF336200

ADMINISTRATION MUNICIPALE

DU SEPTIÈME ARRONDISSEMENT

DU CANTON DE PARIS.

DISCOURS

Prononcé par l'un des Epoux, à la Fête républicaine du 10 Floréal, an VI.

LA présence des Epoux réunis dans cette enceinte, pour concourir à la célébration de cette Fête républicaine, annonce assez qu'ils en sentent tout le mérite, et qu'ils sont dignes d'y figurer par leurs vertus et par le modèle intéressant qu'ils présentent, de leur union bien assortie.

A

(2)

Je participe moi-même à cette Fête
avec d'autant plus d'intérêt et de plaisir, que je dois mon existence civile à
la révolution, qui me l'a rendue, et
à la République, qui l'a consolidée.

Mort au monde, mort à la Nature
dès les premiers jours de mon adolescence, les loix de la République sont
venues marracher du tombeau, dans
lequel les préjugés de l'éducation,
l'erreur et l'ignorance m'avoient précipité tout vivant : par ces loix justes et
bienfaisantes, je suis redevenu enfant
de la patrie : par elles, il m'a enfin
été permis d'écouter la voix impérieuse
de la Nature, que je m'étois, pendant
quarante ans, inutilement fatigué à
étouffer ; j'ai pu me livrer au doux
penchant qu'elle inspire à tous les
êtres, et, dégagé des liens que ces
mêmes loix venoient de rompre, j'ai
pu, ah ! l'heureux instant, prendre les
seuls engagemens compatibles avec la

liberté et la dignité de l'homme, en me donnant une épouse selon mon cœur, et qui m'a déjà procuré deux fois le bonheur d'être père.

Interprête des sentimens des Epoux ici présens, et partageant leur bonheur, qu'il me soit permis d'en tracer une legère esquisse et d'en rassembler les principaux traits.

Le mariage, cette institution dictée par la Nature, sans cesse occupée de la régénération de tous les êtres qu'elle renferme dans son sein ; le desir plein de feu qu'elle fait circuler dans nos veines, et qui nous porte, dès les premiers instans de notre adolescence, vers la compagne qu'elle nous a destinée ; ces douces émotions, ces trésaillemens de plaisir, que nous éprouvons au premier aspect de celle que le cœur nous indique ; le bonheur ineffable dont nous jouissons dans les déclarations mutuelles des sentimens qui nous animent ; ces effusions de cœur, où l'ame se déploye, se montre toute entière, sans nuage et sans détour ; cet instant heureux, enfin, amené par la vertu, ménagé par les convenances réciproques de caractére, de mœurs, de facultés et de talens ; cet instant, dis-je, où la Nature fait goûter à deux nouveaux Epoux, le prix et le bonheur d'être, sont le but essentiel et le plus bel appanage de l'existence de l'homme.

Il n'est point de bonheur qui puisse être comparé à celui de deux Epoux aussi bien assortis. Seroit-ce les jouissances trompeuses de ces froids célibataires, s'exerçant sans cesse à frauder les droits de la Nature et de la société ? Seroit-ce les vôtres, voluptueux épicuriens, rassassiés et gorgés de tout ce qui émousse et énerve les sens ? Seroit-ce les faux plaisirs de ces libertins effrénés, sans mœurs et sans pudeur, et toujours en action pour trouver le

bonheur qui les fuit ? Non , vous n'a-
vez point, comme ces Epoux , connu
le vrai bonheur et le vrai plaisir. Il
n'en existe point pour vous qui ne soit
empoisonné par des remords et souvent
par des suites encore plus fâcheuses.

Mais , ce n'est encore-là que le
prélude d'un bonheur bien plus réel,
dont jouissent les Epoux. Le premier
semble n'être fait que pour les sens ,
l'autre affecte l'ame dans toutes ses
facultés.

Représentez - vous toute la félicité
qui résulte de l'union de deux Epoux
bien assortis. L'Epouse, attentive par
ses prévenances , par ses complaisances
et par l'étude qu'elle fait des goûts et
du caractère de son Epoux , à écarter
tout ce qui peut le contrarier, à secon-
der ses travaux, à respecter ses études
et ses arrangemens économiques, voit,
avec joie, s'affermir dans le cœur de
son Epoux, les sentimens de tendresse

qui font leur bonheur mutuel. L'Epoux, de son côté, appercevant et reconnoissant dans sa chère moitié, ce concours charmant, d'où naissent la paix, la tranquillité et la prospérité de sa maison, sent croître son attachement et son estime pour elle ; elle lui devient plus solidement aimable et plus chère; il redouble d'attentions, de confiance et de respect pour elle ; elle lui rend sa maison agréable ; il la quitte à regret, y rentre toujours avec une nouvelle satisfaction, et ne trouve de vraie jouissance qu'auprès d'elle : il aime à épancher son ame dans la sienne, à lui confier ses affaires, et les aveux réciproques qu'ils se font de leurs plaisirs, même de leur peines et de leurs inquiétudes, ajoutent encore à leur bonheur.

Mais, que dirais-je de cet instant heureux, où un bon mari, un père tendre, après les anxiétés et les tourmens que lui ont causés les douleurs et les efforts d'une Epouse chérie, reçoit dans ses bras le premier gage de leur tendre union ! Est-il une situation plus touchante et plus attendrissante, et nous-mêmes pouvons-nous nous la rappeler sans sentir se renouveler ces larmes délicieuses, dont, dans cet instant précieux, nous avons mouillé le visage de nos chères moitiés.

Dites-nous, célibataires, dites-nous, hommes de plaisirs, et vous aussi voluptueux épicuriens, dites-nous, avez-vous jamais goûté un semblable plaisir ? avez-vous jamais senti celui d'étudier, de suivre les progrès, l'accroissement, le balbutiement d'un enfant, dont vous êtes le père ? Vous êtes-vous jamais attendris de vous voir renaître dans un autre vous-même ? Avez-vous jamais joui de la satisfaction de recevoir les premières caresses, d'entendre les premières questions d'un enfant chéri, et de lui donner les premières leçons ?

Avez-vous jamais goûté celle de voir vos enfans faire des progrès dans leur éducation , et répondre aux soins que vous en avez pris ? Avez-vous éprouvé celle de les voir heureusement établis, et reproduire le touchant spectacle de votre heureux ménage ? Enfin , avez-vous goûté celle de caresser vos petits-enfans , de recevoir leurs tendres caresses et de vous mêler à leurs jeux innocens ? Non. Eh bien ! je le répète, vous n'avez jamais connu le bonheur, le seul vrai, dont l'homme puisse jouir dans le cours dé sa vie. Non , ce bonheur n'est point fait pour vous.

Nous l'avons connu ce bonheur, nous autres Epoux, nous l'avons éprouvé et l'éprouvons encore tous les jours. Puissions-nous ne nous écarter jamais des devoirs attachés à l'union respectable du mariage, fondés sur les droits sacrés de la Nature et de la société. En vieillissant, il nous reste la consolante perspective d'amans Epoux que nous étions , de rester constamment des Epoux amis , et des pères et mères heureux, par le respect, la tendresse et l'attachement de nos enfans et de nos petits-enfans.

Vive la République !

Le Citoyen Président de la Munici-
palité a répondu :

CITOYEN,

VOUS avez employé les plus vives couleurs pour peindre les avantages, les agrémens, les plaisirs de l'union conjugale.

Vous avez placé dans l'abjection les égoïstes, les célibataires, ces êtres effrénés, en proye à leurs viles passions.

Puisse le tableau touchant que vous avez fait des douceurs du lien légitime, donner des Epoux à la société.

Puissent vos portraits sincères, des suites douloureuses, d'une conduite flotante entre les égaremens, du dérèglement des mœurs et l'éloignement de l'union conjugale , ramener à la vertu les êtres assez malheureux , assez insensés , pour s'écarter des précieuses routes qui y conduisent !

Le récit des satisfactions que vous éprouvez dans l'état de père de famille dont vous jouissez , sous l'égide des loix , ajoute de nouveaux charmes à vos sages réflexions.

Vous vous rappelez avec étonnement ces longues années que vous avez passées dans les ténèbres où vous a précipité l'inexpérience de votre jeunesse , et où vous ont retenu des erreurs , hélas ! trop accréditées dans ces tems désastreux.

Le flambeau de la raison a luit ; la philosophie a triomphé , au grand soulagement de l'humanité.

Les sublimes loix du peuple Français vous ont restitué vos droits ; elles ont rendu l'homme à lui-même, puisqu'il ne peut plus aliéner sa liberté, premier bienfait qu'il tient de la Nature.

Elles ont aussi rendu à la société un nombre considérable d'individus intéressans qui lui avoient été ravis ; leurs bras, engourdis par l'oisiveté, ont repris leur force ; ils sont employés à d'utiles travaux ; leurs organes, affoiblies par l'empire des préjugés, se sont rétablies ; ces individus profitent à la société.

Heureux retour des principes, voilà tes prodiges ! vous rendez grace , Citoyen , à notre brillante révolution ; cet acte public de votre reconnoissance, est un titre que vous acquérez de plus.

Vous faites éclater, en ce moment, une des plus belles vertus dont l'homme puisse être orné.

Déjà votre bienfaisance s'est montrée par l'adoption que vous avez faite d'un enfant , qui, sans vous, eût vécu dans l'isolement. Vous l'avez admis au nombre de ceux que vous a donné votre union légitime.

Ce fait, que votre modestie laissoit ignorer, je crois devoir l'ajouter aux différens traits qui caractérisent votre civisme.

Une compagne aimable fait vos délices ; son bonheur est d'être auprès de vous.

Vos enfans vous donnent des signes certains de leurs tendres sentimens. Leurs démonstrations affectueuses sont des présages assûrés des consolations que vous en recevrez.

Des destinées aussi heureuses inspirent de plus en plus le respect pour l'union conjugale, et sont une preuve sensible qu'elle est l'état unique auquel l'homme est appelé par la Nature et par les loix sociales.

Citoyens, réunissez votre voix à la mienne, ne formons qu'un concert

pour en célébrer la fête avec tout l'é-
clat qui lui est dû.

Vive la République !

Signé CHAPPE , *Président ;*
LEPELLETIER , GUYET , ALLEFF ,
NAURY , DELAPORTE , *Administrateurs.*

Le Commissaire du Pouvoir exécutif,
Signé BOUCHE-SEICHE.

LAMBIN , *Secrétaire.*

De l'Imprimerie de DESVEUX, Maison
d'Asnières, rue Avoye, No. 160.